LES
BOOKMAKERS

DEVANT

La Loi du 2 Juin 1891

PAR

Louis LAFAYE

Quiconque aura, en quelque lieu et sous quelque forme que ce soit, exploité le pari sur les chevaux de courses, en offrant à tous venants de parier ou en pariant avec tous venants, soit directement, soit par intermédiaire, sera passible des peines portées à l'art. 410 du Code pénal.

(Loi du 2 juin 1891, art. 4.)

PARIS

SOCIÉTÉ FRANÇAISE D'IMPRIMERIE ET DE LIBRAIRIE

(TYPOGRAPHIE OUDIN ET Cie)

15, Rue de Cluny, 15

1898

LES BOOKMAKERS

DEVANT

LA LOI DU 2 JUIN 1891

LES
BOOKMAKERS

La Loi du 2 Juin 1891

PAR

Louis LAFAYE

> Quiconque aura, en quelque lieu et sous quelque
> forme que ce soit, exploité le pari sur les chevaux
> de courses, en offrant à tous venants de parier ou
> en pariant avec tous venants, soit directement, soit
> par intermédiaire, sera passible des peines portées à
> l'art. 410 du Code pénal.
>
> *(Loi du 2 juin 1891, art. 4.)*

PARIS

SOCIÉTÉ FRANÇAISE D'IMPRIMERIE ET DE LIBRAIRIE

(TYPOGRAPHIE OUDIN ET Cⁱᵉ)

15, Rue de Cluny, 15

1898

A M. L. BOURGEOIS

Ministre de l'Instruction publique

L'auteur adresse cette étude, avec le souvenir recon-
naissant du bienveillant accueil fait, en 1895, à son
premier projet.

LES BOOKMAKERS

DEVANT

LA LOI DU 2 JUIN 1891

Avant la date du 2 juin 1891, les paris de courses n'étaient régis par aucune loi spéciale. Les paris à *la poule*, à *la cote*, *au mutuel* et *au livre* étaient ouvertement pratiqués sur les hippodromes et même dans une multitude de maisons à Paris.

L'usage s'était établi de confier à la police un pouvoir discrétionnaire dans l'appréciation des délits causés par cette restauration illicite du jeu public.

Elle sévissait rarement, et les délinqaunts, suivant les circonstances, étaient poursuivis devant le tribunal correctionnel ou devant le tribunal de simple police, selon que les paris avaient eu lieu dans une maison à ce destinée ou dans des lieux publics. Dans le premier cas c'était un délit puni par l'art. 410 du Code pénal, et dans l'autre une simple contravention à l'art. 475.

Aujourd'hui le Pari mutuel *seul*, organisé par les Sociétés de courses autorisées, peut être *publiquement* exploité, à l'exclusion de tout autre, conformément à la loi du 2 juin 1891, qui qualifie délits toutes les infractions à l'art. 4 et leur applique sans distinction les pénalités de l'art. 410 du Code pénal.

Loi du 2 juin 1891

Art. 4. — Quiconque aura, en quelque lieu et sous quelque forme que ce soit, exploité le pari sur les chevaux de courses, en offrant à tous venants de parier ou en pariant avec tous venants, soit directement, soit par intermédiaire, sera passible des peines portées à l'art. 410 du Code pénal.

Seront réputés complices du délit ci-dessus déterminé et punis comme tels :

1° Quiconque aura servi d'intermédiaire pour les paris dont il s'agit ou aura reçu le dépôt préalable des enjeux ;

2° Quiconque aura, en vue de paris à faire, vendu des renseignements sur les chances de succès des chevaux engagés ;

3° Tout propriétaire ou gérant d'établissement public qui aura laissé exploiter le pari dans son établissement.

On remarquera que cette loi n'abroge pas les dispositions de l'art. 1966 du Code civil, qui accorde une action pour le paiement d'un pari fait à l'occasion de courses à cheval. Mais il est bien évident que cet article, promulgué en 1804, alors que les courses publiques n'existaient pas, que le pari mutuel et le pari au livre étaient inconnus, ne s'applique, au point de vue de *la sanction* légale, qu'au pari individuel direct, propre, suivant les termes de la loi, à développer l'adresse et à exercer le corps.

Tout autre pari, qui n'a pas ce but exclusif, ne donne aucune action, mais échappe néanmoins à la répression de l'art. 4 de la loi de 1891, s'il ne réunit pas tous les caractères constitutifs du délit prévu par ledit article.

D'après les termes de la loi, et avant toute jurisprudence, nous avions pensé que le pari au livre *limité* n'était pas punissable, comme étant dépourvu du caractère de publicité spécifié par l'art. 4, et, à la date du 2 décembre 1895, nous avons remis au Ministre de l'Intérieur un projet de réglementation des bookmakers, que nous reproduisons ci-après :

La loi du 2 juin 1891, en vertu de laquelle le Pari mutuel a été institué, a pour but d'atteindre ceux qui font du jeu aux courses une industrie, qui ne devient *délictueuse* qu'autant qu'elle *est publique*, c'est-à-dire lorsqu'ils provoquent des paris *avec tous venants*, quelles que soient les personnes qui s'adressent à eux, connues ou inconnues, qu'elles soient ou non capables d'apprécier la valeur des chevaux. Elle les assimile dans ce cas, mais dans ce cas seulement, aux tenanciers de maisons de jeux de hasard et les rend passibles des peines portées dans l'art. 410 du Code pénal, du moment qu'ils font *appel au public*.

Il est évident, en effet, qu'un pari fait dans ces conditions par le premier venu, étranger aux choses du sport et incapable de raisonner les chances des chevaux, est un véritable jeu de hasard, auquel les combinaisons de l'intelligence et les calculs rationnels n'ont aucune part.

Il en est tout autrement de ceux qui parient entre eux sans versement préalable des enjeux. Ils font évidemment partie d'un milieu spécial dont les membres ne sont pas étrangers les uns aux autres et ne peuvent être considérés comme constituant *le public* et les *tous venants*, selon les termes de la loi. Les paris de courses réduits à cette clientèle déterminée, qui ne s'étend pas au delà des personnes qui se connaissent et dont les relations résultent notamment du crédit qu'elles se font, puisqu'elles n'opèrent qu'à terme, ne sauraient être assimilés *au jeu public*. On pourra, si l'on veut, les qualifier de paris faits en public, mais non de *paris faits avec le public*, les seuls que la loi punit.

Cela est si vrai que le pari au livre, tel qu'il se pratique depuis la loi de 1891, sans cri ni provocation publique, s'est jusqu'à présent exercé librement, non par tolérance, mais comme échappant aux prohibitions de la loi.

Ce jeu spécial est celui des plus gros parieurs (les propriétaires de chevaux de courses, leur entourage et les habitués du sport). Il donne lieu aux opérations certainement les plus importantes, ceux qui s'y livrent disposant des ressources illimitées que donne le crédit.

Cette catégorie de parieurs ne se présente jamais aux guichets du Pari mutuel, qui n'opère qu'au comptant et, par *faveur spéciale*, est à la portée de *tous venants*. S'ils s'y adressaient, ils devraient toujours être porteurs de sommes considérables, qu'il leur serait impossible de placer à leur guise aux guichets, à raison du peu de temps qui sépare les différentes épreuves d'une journée de courses. Ces sommes seraient aussi constamment exposées aux risques de perte ou de soustraction, résultant de leurs fréquents déplacements au milieu de la foule. De plus, par la multiplicité de leurs mises, les parieurs concouraient eux-mêmes à la diminution du rapport du Pari mutuel et, par suite, de leurs bénéfices. Spéculateurs avant tout, ils ont besoin de connaître à l'avance leur gain éventuel, afin de pouvoir varier à l'infini leurs opérations, selon les fluctuations du marché et les nécessités d'une spéculation raisonnée.

Le pari au livre étant le seul qui leur offre cet avantage, ils désertent le Pari mutuel.

Ce dernier n'a plus que la clientèle des petites bourses, tenues dans l'ignorance de la cote, livrées sans défense au hasard et frappées de plus à chaque course d'un impôt de 7 0/0 auquel se soustrait le parieur au livre.

Il est fatal, dans ces conditions, que le client du Pari mutuel succombe et devienne de plus en plus rare sur les hippodromes.

Il est fatal, par suite, que cet impôt de 7 0/0 soit promptement tari dans sa source, et ne produise plus les sommes promises à l'Assistance publique et à l'élevage du cheval de guerre.

Il est injuste en outre qu'il y ait inégalité de traitement entre le gros et le petit parieur, que le premier échappe à toute taxe quand le second en est écrasé, que l'affranchissement de l'impôt soit le privilège de la fortune.

Notre projet a pour but de rétablir l'égalité, de créer au profit du Trésor des ressources nouvelles, supérieures à celles qu'il retire du système actuel et de donner satisfaction à la justice et aux intérêts.

Nous proposons de frapper d'une taxe de 6 0/0 toutes les opérations au livre, à prélever sur ceux qui s'y livrent habituellement et notoirement en qualité *de donneurs* et conformément à la loi.

Nous ne parlons pas des paris faits au comptant, offerts *à tous venants*, prohibés par la loi, et que nous n'avons pas le désir de rendre licites. La loi de 1891, qui défend les jeux purement de hasard, n'est pas critiquée par nous.

Nous n'avons nullement l'intention de faciliter le jeu et d'aider à son développement.

Nous n'augmentons pas le nombre des parieurs à terme, qui reste toujours limité aux personnes qui se connaissent, à l'exclusion *des tous venants.*

Nous ne voulons pas modifier la situation actuelle, mais simplement en tirer les avantages légitimes auxquels a droit l'intérêt public.

Toute la question nous paraît être de savoir si le pouvoir réglementaire de l'autorité supérieure et des Sociétés de courses ne suffit pas pour taxer les *donneurs*, exécutant leurs opérations dans la limite des lois existantes, ou si un acte législatif est indispensable.

Nous estimons qu'on peut aboutir, sans provoquer une loi qui viserait une catégorie de personnes dont le législateur peut préférer ne pas s'occuper.

Les Sociétés de courses en effet, en qualité de propriétaires ou de locataires de leurs hippodromes, sont maîtresses chez elles et ont incontestablement le droit de frapper d'une taxe toute industrie ou commerce s'exerçant sur leurs terrains. Les tenanciers des buffets, par exemple, leur paient une redevance à raison des profits qu'ils réalisent chez elles et avec leur clientèle.

Qui empêcherait les Sociétés de courses de taxer les donneurs notoires au même titre ?

Leur droit n'est pas douteux, et nous savons qu'il ne soulève aucune protestation de la part des principaux intéressés.

La perception de cette taxe nouvelle, dont la part afférente à l'assistance publique, aux haras et aux frais d'exploitation, serait réglée de concert avec l'autorité compétente, s'opérerait par la vérification des livres des donneurs.

Elle ne serait pas plus difficile à établir que celle qui est relative aux opérations de Bourse.

Notre projet a, de plus, l'avantage de moraliser les courses, d'empêcher qu'elles soient faussées, comme il arrive malheureusement trop souvent. L'inspection des livres, en effet, révèlerait de suite les opérations entachées de fraude.

Nous fixons la taxe à 6 0/0 pour permettre d'abaisser à ce taux les droits du Pari mutuel, incontestablement trop élevés.

Nous empêchons toute concurrence au Pari mutuel, puisque les parieurs, de quelque côté qu'ils se portent, sont assujettis à la même taxe.

Bien qu'il soit difficile de faire des évaluations précises, nous estimons *que les revenus actuels seraient plus que doublés par l'adoption de notre projet.*

En résumé, nous réalisons les améliorations suivantes :

Diminution de la taxe actuelle ;

Augmentation considérable de recettes ;

Egalité de traitement pour tous ;

Moralisation des courses.

Depuis, est intervenu, à la date du 13 mars 1896, un arrêt de la Cour d'appel de Paris, ainsi conçu :

La Cour joint l'appel du ministère public à l'appel interjeté par le prévenu et statuant par un seul et même arrêt sur lesdits appels ensemble sur les conclusions prises par Tible :

Adoptant les motifs des premiers juges ;

Et considérant, en outre, que la loi du 2 juin 1891, dans son article 4, prohibe d'une manière générale, sous quelque forme et en quelque lieu que ce soit, toute espèce de paris aux courses, et punit des peines de l'article 410 du Code pénal *ceux qui le provoquent* ;

Considérant que dans son article 5 elle apporte, dans certaines conditions, une seule exception à cette règle en faveur du Pari mutuel organisé par les Sociétés de courses elles-mêmes sur leurs hippodromes ;

Considérant que le prévenu ne se trouvant pas dans le cas prévu par l'article 5, c'est à bon droit qu'il lui a été fait application de l'article 4 ;

Que vainement Tible prétend échapper à la répression pénale, par ce fait qu'il pratiquait le pari au livre ; qu'en effet, la loi de 1891 n'admet pas d'exception en faveur de ce genre de pari, *lorsqu'il constitue, comme dans l'espèce, une exploitation en public de l'industrie du jeu, dans un but de bénéfice personnel* ;

Considérant qu'il importe peu que le bookmaker opère dans l'enceinte du pesage, sur la pelouse, ou en quelque lieu que ce soit, vu que, dans l'intérêt de sa propre sécurité, il ne pratique le pari qu'avec une catégorie spéciale de parieurs offrant des garanties de solvabilité ; qu'il est également sans intérêt qu'au lieu de délivrer des tickets aux parieurs et de recevoir et remettre de l'argent sur l'hippodrome même, il inscrit les paris sur un livre, et règle les différences à terme et à domicile ;

Qu'en effet, la loi ne distingue pas, du moment que l'offre de parier *est faite à tous venants* ;

Considérant qu'en fait, Tible *est bookmaker* ; *qu'il exploite le pari àux courses et qu'il produit lui-même des pièces de comptabilité établissant à l'évidence la nature de l'industrie à laquelle il se livre ;* qu'il a été surpris sur l'hippodrome à *deux courses successives criant la cote en offrant* des paris, à un public spécial il est vrai, *mais au public ;*

Considérant qu'il a été fait par les premiers juges une juste appréciation des faits de la cause, que les peines prononcées sont justifiées et suffisantes ;

Par ces motifs et ceux conformes des premiers juges, sans s'arrêrer ni avoir égard aux conclusions de Tible, lesquelles sont reconnues mal fondées ;

Confirme le jugement dont est appel ;

Ordonne que ledit jugement sortira son plein et entier effet ;

Condamne Tible aux dépens de son appel.

Selon nous, cet arrêt donne prise à de justes critiques.

Si la Cour, en effet, a pu constater souverainement les faits qu'elle a appréciés, elle en a tiré des conséquences légales, qui ne paraissent pas juridiques.

Il est inexact, comme elle le prétend, que la loi punisse ceux qui provoquent des paris aux courses. C'est là une doctrine beaucoup trop générale et absolue, en contradiction formelle avec l'art. 1966 du Code civil, qui, dans certains cas, déclare licites ces sortes de paris et leur accorde même une action civile.

Le fait de la *provocation* n'est pas lui-même constitutif d'un délit, car dans tout pari, même licite, il y a provocation d'un côté et souvent même des deux.

Le but de *bénéfice personnel* ne peut être non plus un élément de culpabilité, car même dans un pari engagé sous la protection de l'art. 1966 du Code civil il y a intention de gain ou de bénéfice, le mobile du parieur étant toujours intéressé.

L'assimilation faite par la Cour d'un public spécial avec *tous venants,* c'est-à-dire sans exception de personne, a pour conséquence de créer arbitrairement, en matière correctionnelle et de droit étroit, des délits nouveaux et de pénaliser des faits, que le législateur n'a pas expressément prohibés.

Que la Cour ait trouvé dans la constatation des *appels réitérés* et des *cris proférés* par Tible, s'adressant *au public*, des motifs juridiques de condamnation, sa décision peut, sous ce rapport et dans cette espèce particulière, être inattaquable.

Mais, nous le répétons, les autres motifs de l'arrêt formulent une doctrine fausse, parce qu'elle est trop générale et absolue, qu'elle donne à la loi de 1891 une extension qu'elle n'a pas, et qu'elle est en contradiction avec l'art. 1966 du Code civil.

En résumé, ce que la loi punit, c'est uniquement le jeu, auquel le public tout entier, les *tous venants* sont provoqués.

Les paris limités aux personnes qui se connaissent, à *l'exclusion du public*, échappent par suite à toute répression.

Toutefois, quelque critiquable que soit l'arrêt, il n'en établit pas moins une jurisprudence, devant laquelle il faut s'incliner, qui a le mérite de dissiper toutes les

équivoques et de soustraire à l'appréciation discrétionnaire de la police, des faits dont le caractère délictueux
n'est plus aujourd'hui contestable.

Aux termes de l'arrêt, l'exercice de la profession de
bookmaker est par lui-même constitutif du délit prévu
par l'art. 4 de la loi de 1891 et puni des peines correctionnelles de l'art. 410 du Code pénal, qu'il ait lieu au
moyen du livre ou tout autrement.

Malgré cette décision judiciaire, qui traçait son devoir
à l'autorité, le *pari au livre* a continué et continue encore à être exploité librement sur tous les hippodromes,
sans être, plus que par le passé, inquiété par les fonctionnaires chargés de le faire cesser.

La loi est impunément violée tous les jours à *heures
fixes*, les plus gros paris échappent à toute taxe, l'assistance publique et l'élevage national sont privés de ressources considérables, et ce en dépit des défenses de la
loi et des injonctions de la justice.

Pour mettre un terme à cette solution intolérable,
M. le député Montaut et plusieurs de ses collègues
déposèrent sur le bureau de la Chambre, dans le cou-
rant du mois de juillet 1896, le projet suivant :

PROPOSITION DE LOI

Ayant pour objet d'autoriser le **pari au livre** *sur les champs de
courses aux mêmes conditions que le* **pari mutuel** *et d'en attri-
buer le prélèvement à* **l'élevage du cheval d'armes**, pré-
sentée par MM. Montaut (Seine-et-Marne), Balandreau, Derveloy,
Braud, général Iung, Lesage, Bazille, L. Vival, Brunet, Talou,
G. de Grandmaison, Delbet, Chapuis, Pajot et Alasseur, députés.

ARTICLE 1er.

Le pari dit « au livre » sera autorisé sur les champs de courses et hippodromes du territoire français et bénéficiera des dispositions de l'article 1966 du Code civil.

ART. 2.

Un prélèvement de sept pour cent (7 0|0) sera effectué sur les opérations des teneurs de livres.

ART. 3.

Un pour cent (1 0|0) de ce prélèvement sera attribué aux Sociétés de courses à titre de frais d'organisation et les six pour cent restants (6 0|0) seront entièrement consacrés aux encouragements à donner à l'élevage du cheval d'armes comme primes, majoration du prix d'achat des chevaux de remonte, concours et courses notamment au galop.

ART. 4.

L'Administration des finances sera chargée, de concert avec les Sociétés de courses, de percevoir, de réglementer et de contrôler ce prélèvement de sept pour cent sur les opérations des teneurs de livres.

ART. 5.

Les dispositions de la loi du 2 juin 1891 contraires à la présente loi sont abrogées.

A notre avis, ce projet, excellent dans ses dispositions générales, va trop loin, en accordant à tout pari au livre la protection de l'art. 1966 du Code civil.

L'action en paiement doit être réservée au pari individuel direct, à la gageure, *au match*, pour employer une expression sportive, comprise de tout le monde.

Les autres paris, même juxtaposés aux enjeux des parieurs originaires, quelle que soit la compétence des intéressés en matière sportive, ont trop le caractère du jeu et sont trop soumis au hasard pour bénéficier de la même faveur.

Nous pensons aussi que le prélèvement de 7 0|0 pourrait être diminué sans inconvénient.

A part ces réserves, le projet répond au vœu unanime de l'opinion et au sentiment de justice que blesse le privilège du bookmaker.

Par le dépôt de cette proposition, M. Montaut et ses collègues s'inclinaient devant la jurisprudence inaugurée par l'arrêt du 13 mars 1896 et reconnaissaient que le *pari au livre* était défendu, puisque, pour le rendre licite, ils abrogeaient les dispositions contraires de la loi de 1891.

Malgré toutes ces autorités, la police, rebelle à la loi, aux décisions de la justice et à l'interprétation du législateur lui-même, n'a cessé de couvrir les bookmakers de sa protection et de considérer la loi de 1891 comme lettre morte.

Depuis sept ans que cette loi a été votée, depuis cinq ans que nous avons signalé les abus du système actuel, depuis deux ans que la jurisprudence est établie et que la proposition de M. Montaut a été déposée, tous les avertissements ont été impuissants à faire rentrer l'autorité dans le devoir. Elle continue à substituer son pouvoir discrétionnaire à la loi, à en interpréter le texte à sa guise, dans l'intérêt d'industriels dont la profession est rigoureusement interdite.

Une campagne, que nous avons menée dans le journal « La Presse » à partir du mois de mars dernier, n'a pu troubler les bookmakers dans le paisible exercice de leur industrie.

Nous reproduisons ci-dessous la série de nos articles.

**
* *

La campagne que nous avons entreprise, et que nous mènerons jusqu'au bout en vue de la réglementation des bookmakers, n'a pour but que le triomphe de la justice et de l'égalité.

Nous aurons gain de cause, parce que nous sommes avec les principes, plus forts que toutes les mauvaises volontés et que toutes les résistances intéressées.

S'il est une égalité dont notre pays soit, à bon droit, particulièrement jaloux, c'est assurément celle de l'application à tous des taxes fiscales, dont il ne supporte pas que les uns soient écrasés quand les autres en sont affranchis.

Et si, pour comble d'injustice, ce sont les privilégiés de la fortune qui sont en même temps les privilégiés de l'impôt, l'opinion publique se révolte, et tant pis alors pour ceux qui n'ont pas voulu entendre !

Est-il admissible pour tout homme de bon sens que le billet de mille francs du gros joueur continue à échapper à toute taxe, quand la pièce de cent sous du petit parieur subit un prélèvement de 7 0/0, répété six fois dans la même journée ?

Poser la question, c'est la résoudre. Elle ne donne prise à aucun sophisme, et il faut nécessairement répondre : non.

En cette matière, y a-t-il lieu, comme en certaines autres, de faire fléchir les principes et d'y déroger dans un intérêt supérieur ?

Tout le monde admet, par exemple, que les privilèges résultant des primes d'exportation sur divers produits sont justifiés par la nécessité de protéger l'agriculture et l'industrie nationales.

Mais l'exemption de l'impôt accordée aux bookmakers n'est justifiable à aucun titre. Elle ne protège aucun grand intérêt national, ni aucune catégorie de personnes dont le concours soit utile à l'Etat.

Elle lèse au contraire les intérêts de l'agriculture et les droits de l'Assistance publique, en les privant des revenus les plus légitimes.

Dira-t-on que la loi s'oppose à la perception de taxes sur les opérations des donneurs, dont elle interdit rigoureusement la profession ?

Mais alors pourquoi les laisse-t-on exercer librement et publiquement leur industrie, et s'enrichir avec le double privilège de l'affranchissement de l'impôt et de la désobéissance aux lois ?

Depuis 1891 et d'après la jurisprudence la plus récente, les bookmakers, de quelque manière qu'ils opèrent, commettent des délits, justiciables de la police correctionnelle. L'autorité, chargée de veiller à l'exécution de la loi, la laisse impunément violer sous ses yeux. Le simulacre de surveillance qu'elle exerce ne trompe personne : elle est ostensiblement de connivence avec les contrevenants.

Son inertie systématique est encore plus démoralisante que l'audace impunie des violateurs de la loi, qui ont au moins l'excuse d'un encouragement tacite.

Il y a là une situation intolérable.

S'il est vrai que les paris au livre sont nécessaires à l'existence des courses, il faut les rendre *licites et productifs* de revenus, car le régime actuel, fait d'injustice, d'hypocrisie et d'illégalité, est pire que tout ; il maintient des privilèges révoltants et compromet les représentants de l'autorité et les administrateurs eux-mêmes des Sociétés de courses, qui deviennent de véritables complices des auteurs des délits, en leur prêtant sciemment aide et assistance sur leurs hippodromes.

La précision de la loi de 1891 et des articles 59 et 60 du Code pénal sur la complicité est telle qu'il ne saurait y avoir le moindre doute sur les responsabilités pénales encourues.

*
* *

Nous avons démontré par des arguments irréfutables, tirés des principes du droit, de la jurisprudence établie et des constatations de fait, que les donneurs aux courses, c'est-à-dire les bookmakers, sont journellement en contravention, et ce, avec la connivence de l'autorité.

Nous avons dit que l'inertie des auxiliaires du ministère public était plus scandaleuse encore que la réitération quotidienne et impunie des délits commis sous leurs yeux.

Si, comme il conviendrait dans un pays libre, l'action publique, *exercée dans l'intérêt de la loi*, appartenait à tous les citoyens, au lieu d'être réservée exclusivement à des magistrats dont la vigilance est trop souvent inactive, il y a longtemps déjà que l'abus que nous signalons aurait cessé d'exister.

On ne verrait pas la loi rester lettre morte par le refus d'agir de ses représentants, qui ont poussé parfois l'oubli de leurs devoirs jusqu'à laisser acquérir la prescription en faveur de coupables avérés ; car ce scandale nous a été donné dans une affaire bien connue.

On ne verrait pas le pouvoir parlementaire obligé d'intervenir pour donner satisfaction à la morale publique.

On ne verrait pas non plus les commissaires des courses devenir, sans s'en douter, complices de délits punis de peines correctionnelles et persister dans leur rébellion à la loi par la faute de ceux qui sont chargés de les rappeler à son obéissance.

Les bookmakers sont assimilés par la loi de 1891 aux tenanciers de maisons de jeux clandestines, avec cette aggravation que leur clientèle se compose du public tout entier. C'est en vain qu'ils prétendraient ne négocier des paris qu'avec un nombre limité de personnes connues ; car le premier venu, soit par l'entremise de commissionnaires, soit par le dépôt préalable d'une provision, peut jouer avec eux.

Il n'y a pas de ruses que la fraude ne soit capable d'inventer ; mais c'est aux magistrats à les déjouer.

Au surplus, la loi, d'après les derniers arrêts de la justice, ne fait aucune distinction, et elle doit être appliquée également à tous ceux qui font du jeu aux courses une industrie qui, dans aucun cas, ne peut être licite.

Déjà les coulissiers à la Bourse sont sur la sellette parlementaire. Leur suppression ou leur réglementation est imminente.

Eux aussi échappaient à l'impôt et exerçaient une profession interdite. Eux aussi étaient *beati possidentes* depuis de longues années et se croyaient hors des atteintes de la loi.

Si les bookmakers et ceux qui les soutiennent dans leurs privilèges se croient plus forts que les coulissiers, ils se font d'étranges illusions.

Sans attendre un état social où l'action publique appartiendrait à tous les citoyens, et où, par conséquent, l'empire de la loi ne subirait pas d'interrègne, on peut espérer voir à la tête de la magistrature un garde des sceaux pénétré de ses devoirs comme un Dufaure, par exemple. Avec lui c'en serait fini des paris au livre, tels qu'ils se pratiquent aujourd'hui.

Une circulaire du procureur de la République, dans le genre de celle qui vient de prohiber les prêts de valeurs à lots pour la participation aux tirages, mettrait promptement fin à l'état de choses actuel.

*
* *

C'est toujours pour nous un nouveau sujet d'étonnement que de voir, chaque journée de courses, un représentant de l'autorité, préposé à la répression des délits, fermer obstinément les yeux et s'accommoder de ce rôle.

Cela devient presque comique et rappelle les bons gendarmes du *Roi des montagnes,* qu'Edmond About fait si drôlement fraterniser avec d'aimables brigands, ou encore les carabiniers d'opérette, qui arrivent toujours trop tard.

Il y a, chacun le sait, des accommodements avec la police, qui ne demande pas mieux que d'être paternelle et de ne sévir que si la provocation est trop audacieuse. Certes, nous la préférons gantée de velours qu'armée constamment d'un casse-tête. Il vaut toujours mieux prévenir que punir ; mais il faut garder la mesure, et ne pas systématiquement, au grand détriment du respect dû à la loi, tenir comme nulles et non avenues les défenses les plus formelles.

Les bookmakers opèrent vraiment avec un sans-gêne excessif, en hommes trop sûrs de l'impunité. Ils travaillent imperturbablement, le livre de paris à la main, entourés de comptables, comme de notables commerçants dans leurs boutiques.

Cette bravade de la loi, tolérée depuis si longtemps, a engendré chez eux une véritable inconscience et étouffé le sentiment de la responsabilité. Quand par hasard un procès-verbal est dressé contre eux, ils n'en reviennent pas de surprise et crient qu'on leur a tendu un piège.

Et, en effet, c'est un véritable piège qu'une loi dont l'application est sujette à des intermittences inexplicables et dépend du caprice et du bon plaisir de l'autorité.

Depuis la mort du regretté M. Legoux-Longpré, remplacé à la présidence de la Société du Demi-Sang par M. Riotteau, nous nous attendions à voir les choses se passer autrement sur l'hippodrome de Vincennes.

Nous ne mettions pas en doute que M. Riotteau, auteur de la loi de 1891, aurait pour elle la tendresse d'un père et qu'il veillerait avec sollicitude sur sa progéniture. Bien que l'enfant fût assez mal bâti et constitué, dame Justice par des soins intelligents avait à peu près rectifié ses vices de conformation et était parvenue à le guérir de son bégaiement incompréhensible. Elle en avait fait une créature, sinon belle, du moins au langage clair et facilement compris de tout le monde.

Par scrupule de législateur et aussi par affection paternelle, M. Riotteau nous paraissait incapable de ne pas assurer à sa loi une exécution exemplaire.

Eh bien ! chez lui, sur son propre hippodrome, les choses se passent exactement comme partout ailleurs. Les bookmakers font une concurrence désastreuse à son pari mutuel, ils se jouent des prohibitions légales dues à son initiative personnelle, et M. Riotteau laisse faire.

Ce représentant est sans doute une âme antique, un émule de Brutus qui sacrifie son enfant sur l'autel de... nous ne savons pas quoi, par exemple !

Doux pays ! comme dit Forain.

***

En protestant contre les privilèges des bookmakers qui continuent à être exemptés de l'impôt et dispensés de l'obéissance aux lois, nous nous sommes fait l'écho de la conscience publique. Nous n'avons pas d'autre mérite que d'être le fidèle interprète de l'opinion.

Nos confrères de la presse sportive qui se sont occupés de la question sont unanimes à nous approuver et à nous encourager, à l'exception d'un seul.

Nous voulons bien lui apprendre que nous n'avons nul besoin d'un mandat exprès des bookmakers, pour nous occuper de leurs affaires, que tout citoyen a le droit et le devoir de signaler un abus et de coopérer à une œuvre de justice. Nous lui apprendrons encore que la plus utile mission de la presse consiste à défendre le droit et à provoquer de bonnes réformes.

Attendre des bookmakers le sacrifice spontané de leurs privilèges illicites, c'est témoigner d'une simplicité enfantine. Pour compter sur la bonne volonté des délinquants à s'offrir d'eux-mêmes aux coups de la justice, il faut avoir une dose de candeur que nous ne possédons pas.

Si telle est la défense des donneurs, ils feraient beaucoup mieux de se taire que d'aggraver leur responsabilité par le cynisme de leurs explications.

Comment ! voilà des gens qui, de notoriété publique, édifient des fortunes scandaleuses sur la ruine de malheureux égarés par la passion du jeu, et l'autorité n'interviendrait pas ! Dans l'intérêt unique de tenanciers de jeux prohibés, les magistrats failliraient à leur devoir ! L'honneur et la paix des familles seraient sacrifiés à l'exploitation du vice et à la protection du lucre le plus inavouable !

Cherchez une excuse à cette défaillance de l'autorité, et vous n'en trouverez pas !

La loi de 1891 a été précédée d'un exposé des motifs et d'une longue discussion. Pour la faire adopter et *restaurer le jeu public*, selon les expressions de M. le député Montaut, il a fallu invoquer l'intérêt de la défense nationale et la nécessité de soulager la misère. Ces considérations ont décidé les Chambres à voter l'institution du pari mutuel, qui se trouve en quelque sorte *moralisé* par sa coopération à des œuvres de bienfaisance, et sa contribution aux dépenses de notre cavalerie. Et encore cette loi revêt le caractère d'une simple tolérance, puisqu'elle donne à l'autorité supérieure le droit d'arrêter son cours, quand elle le jugera convenable. Nous le répétons, c'est dans un intérêt national qu'elle a été votée et dans l'unique but de créer des ressources nouvelles à l'Etat Le mal que le jeu cause à la société est compensé ainsi par le bien indirect qui en résulte. Dans ce cas, la fin justifie les moyens.

Mais quelle fin justifie la tolérance dont jouissent les donneurs ?

Ces exploiteurs professionnels du vice, rebelles à la loi, continuellement sous le coup de poursuites correctionnelles, s'enrichissent impudemment, en dépit des défenses les plus formelles, sans que l'Etat ou l'Assistance publique perçoive un sou sur leurs millions illicitement gagnés. A côté d'eux, au pari mutuel, la pièce de cent sous du petit parieur subit un prélèvement de 7 0/0, répété six fois dans la même journée !

N'est-ce pas révoltant? Et nous faudra-t-il continuer notre campagne longtemps encore avant que la justice triomphe? Nous ne le pensons pas, car il y a des gens qui risquent plus encore que les bookmakers et qui finiront par s'effrayer de braver ouvertement la loi.

*
* *

Nous avons dit qu'il était impossible de trouver une excuse à la défaillance de l'autorité, qui laisse les bookmakers exercer librement une industrie prohibée par le Code pénal. A défaut d'excuse, nous accepterions encore une explication qui atténuerait la responsabilité des agents préposés à la répression ; mais nous n'en avons pas trouvé davantage, car toutes les raisons alléguées ne font qu'aggraver leur faute.

La profession de bookmaker est devenue, depuis la loi de 1891, une profession infamante, puisqu'elle est punie de peines correctionnelles et des interdictions accessoires qui peuvent s'ajouter à une condamnation. Ceux qui s'y livrent sont, par ce seul fait, des gens sans aveu, hors la loi et indignes de ménagement ; car il faut avoir perdu tout sens moral pour s'exposer journellement aux flétrissures de la justice. Il est bien évident que, pour courir de pareils risques, il faut compter pour rien l'honneur et la considération publique.

Cette profession constitue par elle-même un délit d'autant plus répréhensible qu'il n'est pas accidentel, mais successif et aggravé encore par le mobile honteux qui le fait commettre, c'est-à-dire la recherche d'un gain malhonnête en dehors des règles du droit.

Malgré cela, au mépris de la loi et de la morale publique, l'autorité accorde aux bookmakers uue protection spéciale, qui les autorise à dire, ainsi qu'on nous l'a rapporté, qu'ils sont au-dessus de toutes les prescriptions légales.

A côté de cette tolérance, qu'avons-nous vu tout dernièrement ? Une malheureuse mère de famille poursuivie devant le tribunal de Château-Thierry pour avoir volé un pain, acquittée, il est vrai, par un jugement qui fait honneur aux magistrats qui l'ont rendu, mais poursuivie de nouveau devant la Cour de son ressort en vertu d'un appel *a minima* du ministère public !

L'impunité pour les bookmakers, et toutes les rigueurs de la loi pour une malheureuse torturée par la faim !

Ce contraste est plus saisissant que toute notre argumentation.

Nous avons déjà vu les bookmakers privilégiés devant l'impôt ; nous les voyons maintenant privilégiés devant la justice. Quand il s'agit d'eux, l'action publique ne se met même pas en mouvement. Elle n'estime pas, malgré les injonctions de la loi, que l'ordre public est troublé par cette exploitation de la passion la plus dangereuse, et elle réserve ses foudres pour frapper de pauvres diables.

Les bookmakers comprennent bien que cette situation ne peut durer, et ils consentiraient, paraît-il, à se réglementer et à payer une taxe, mais à la condition de l'établir eux-mêmes ; car ils sont trop gros seigneurs pour faire autre chose que leur bon plaisir.

Malheureusement pour eux, le Code ne se prête pas à une combinaison de ce genre. Il n'y a pas de réglementation qui prime la loi. Tant que celle-ci existera, il faudra l'appliquer dans toute sa rigueur. Jusque-là rien à faire, qu'à se soumettre à elle respectueusement, sans compromettre plus longtemps l'autorité, dont l'inaction prolongée deviendrait de la complicité.

*
* *

— C'est une honte, nous disait hier encore un député, signataire de la proposition Montaut, que de voir quotidiennement la loi violée avec la complicité de l'autorité.

Continuez votre campagne, ajoutait-il ; vous avez avec vous l'opinion publique tout entière. Il n'y a pas un homme de bon sens, un ami de la justice, un citoyen soucieux du bon renom de notre pays, qui ne vous approuve et ne soit prêt à servir à vos côtés la cause du droit, de la morale et de l'égalité.

Fort de ces encouragements, nous poursuivrons cette campagne, qui doit nécessairement aboutir à la réglementation des book-makers, après modification de la loi de 1891.

Mais, en attendant cette réforme, la violation impunie de nos lois cessera de dépraver quotidiennement les mœurs publiques.

Tous les jours, à *heures fixes*, des délits sont commis sous les yeux des fonctionnaires chargés de les réprimer, et jamais ils ne sont châtiés. Quand, par hasard, les tribunaux sont saisis, ils appliquent cumulativement aux délinquants l'amende et la prison pour bien démontrer qu'il faut être sans pitié pour les exploiteurs du vice, les fraudeurs de profession. Mais les rigueurs de la justice, loin de stimuler le zèle de l'autorité, semblent, au contraire, le refroidir, comme si les coups frappés sur les bookmakers l'atteignaient elle-même.

Cette attitude inqualifiable autorise tous les soupçons. Le mot de corruption, qui a été si souvent prononcé depuis quelque temps, aurait-il encore sa place ici ?

Mais il est dans toutes les bouches, ce mot flétrissant pour l'autorité infidèle à sa mission !

Quel peut donc être le mobile qui la guide, si ce n'est son propre intérêt, intérêt inavouable, puisqu'il constitue une trahison de l'intérêt public ?

Car la loi est trahie, les enseignements de la justice sont méprisés, l'ordre public est troublé par le fait même de ceux qui sont préposés à la défense de ces grands intérêts sociaux.

Ceux qui, ayant la garde de la loi, l'abandonnent, sont assurément plus coupables que ceux qui sont constamment en lutte avec elle. C'est la défaillance des fonctionnaires qui fait l'audace des délinquants. On peut dire des premiers qu'ils sont les complices des seconds et qu'ils ont le même intérêt qu'eux à la perpétration des délits, puisque la loi ne peut être violée que par suite d'un accord commun.

Ce spectacle démoralisant a porté ses fruits. Personne ne connaît plus son devoir, tout le monde brave la loi avec un cynisme révoltant. On en est arrivé à un tel mépris du droit que la Société des courses de Compiègne a osé publier dans tous les journaux l'avis suivant :

Courses de Compiègne

« MM. les donneurs sont prévenus que pour opérer au pesage, ils devront demander une carte spéciale à la porte principale du pesage. »

La Société sportive annonce également, comme une *heureuse innovation*, la construction, à Saint-Ouen, d'un abri rustique pour mettre bookmakers et joueurs à l'abri de la pluie et du soleil.

Il ne manquait plus que de voir les Sociétés de courses prendre ouvertement sous leur protection l'intéressante corporation des bookmakers !

Ce n'était pas assez de les avoir mis hors des atteintes du gendarme ; il fallait encore les préserver de l'humidité et des coups de soleil !

Les Sociétés en sont arrivées à prêter aide et assistance à une profession illicite !

Vous voyez même des commissaires de courses courtiser ces tenanciers de jeux prohibés et s'abaisser jusqu'à leur quémander une cote de faveur.

C'est partout, du haut au bas de l'échelle sociale, une oblitération complète du sens moral, que les défaillances de l'autorité ont engendrée et entretiennent par un louche calcul, que nous démasquerons.

Nous sommerons les représentants de la loi de faire leur devoir, nous les mettrons personnellement en cause. Les plus hauts, s'ils continuent à braver l'opinion, n'échapperont pas aux flétrissures qui les attendent.

Qu'ils méditent la leçon que la Chambre des députés vient à l'*unanimité* d'infliger en ces temes à un magistrat de la Cour souveraine :

« La Chambre regrette que, dès le début de l'affaire de Panama, les défaillances de certains magistrats aient assuré l'impunité des coupables. »

Mais ce n'est pas seulement la loi qui est offensée par l'impunité laissée aux bookmakers, c'est aussi le bien des pauvres qui est volé. Les recettes du pari mutuel diminuent dans des proportions énormes par la concurrence désastreuse que lui font ces industriels, et, par suite, les ressources de l'Assistance publique sont de jour en jour plus compromises.

La responsabilité de cette situation déplorable incombe tout entière aux administrateurs des Sociétés de courses, *chargés par la loi* de l'exploitation du pari mutuel, seul jeu autorisé à *l'exclusion de tout autre*, et aux fonctionnaires placés à côté d'eux pour surveiller leur gestion.

Tant que les uns et les autres trahiront les intérêts confiés à leur garde et failliront à leur devoir, nous vengerons les offenses faites au droit, à la justice et à l'égalité.

*
* *

Après avoir établi que la profession de bookmaker est prohibée, assimilée à la tenue de maison de jeux de hasard et passible de peines pouvant aller jusqu'à six mois de prison et 6,000 fr. d'amende, il nous reste à rechercher comment il se fait qu'une industrie *délictueuse,* réprimée par une loi spéciale toute récente, continue à s'exercer librement, en dépit des défenses les plus formelles.

On se souvient qu'il y a trois ans environ, à la suite de la condamnation du sieur X..., bookmaker au pesage, tous ses confrères, pris de panique, firent grève pendant plusieurs jours, jusqu'à ce qu'on leur eût donné l'assurance que dorénavant ils ne courraient plus aucun risque.

D'où venait cette assurance ? Un procès récent, plaidé devant le tribunal de la Seine dans les audiences des 8, 15 et 22 mars dernier, vient de nous le révéler.

M. Julien, avocat du bookmaker X..., qui réclamait à un des héritiers de Max Lebaudy la jolie somme de 150,000 francs, a déclaré que c'étaient les « administrateurs » des courses eux-mêmes qui s'étaient opposés à de nouvelles poursuites contre les bookmakers.

De la part d'un avocat, membre du Parlement, cette affirmation n'est pas faite à la légère, et si, d'un autre côté, elle est confirmée par les agissements journaliers des personnes désignées, elle peut être tenue pour l'expression de la vérité.

Ils vont bien, les commissaires ! Ils acceptent le mandat d'exploiter le pari mutuel avec l'obligation qu'il impose, ils deviennent ainsi des citoyens chargés d'un ministère de service public, tenus de veiller au maintien de prohibitions légales déterminées, et ils sont les premiers à trahir la confiance du législateur !

Non contents de fermer les yeux sur les délits, ils s'opposent à leur répression et ne craignent pas de se livrer eux-mêmes à des paris illicites pour des sommes importantes, comme nous l'avons vu dans la course de Simple Simon à Colombes. Ne devraient-ils pas être les premiers à donner l'exemple et à ne pas s'exposer, non seulement au reproche de violer la loi, mais au soupçon de juger avec partialité ?

Quelle peut être l'autorité de leurs décisions ? Ils sont juges et parties dans leur propre cause. Le commissaire qui joue sur un hippodrome voisin, jouera sur le sien, c'est certain ; lui demander de se condamner, c'est exiger un sacrifice au-dessus de la nature humaine ; s'en rapporter à sa délicatesse et compter qu'il se récusera lui-même, c'est méconnaître le caractère du joueur.

Si les bookmakers étaient réglementés et taxés, on ne verrait pas tant d'entraîneurs, de jockeys et de propriétaires disqualifiés.

L'inspection des livres rendrait la fraude impossible.

La morale y gagnerait, la justice aussi, et les malheureux en profiteraient également.

* *

A propos du procès plaidé, le mois dernier, entre un des héritiers de Max Lebaudy et un donneur du pesage, qui se prétendait créancier de 150,000 fr., nous pouvons ajouter qu'il a été établi que le malheureux Lebaudy avait perdu aux courses une somme de 5,443,000 fr., que se sont partagée les bookmakers.

Comment se fait-il, en admettant même que les courses soient un jeu de pur hasard, qui ne laisse aucune part aux combinaisons de l'intelligence, que les plus gros capitaux ne puissent lutter contre les bookmakers et que ce soient toujours eux qui gagnent ?

C'est encore le même procès qui nous l'a révélé.

L'avocat de l'héritier de Max Lebaudy nous a appris que les bookmakers et les jockeys se donnaient rendez-vous et que là entre eux ils arrêtaient avant les courses les places que les chevaux devaient occuper à l'arrivée.

Dès lors, nous comprenons sans peine qu'un certain bookmaker ait gagné 160,000 francs dans une seule course, où il n'y avait que trois partants, et qu'il n'ait pas eu la moindre appréhension sur le résultat, qu'il connaissait d'avance. Dans ces conditions il est facile d'avoir de l'*estomac*. A ce jeu on devient millionnaire aisément.

Les magistrats n'ignorent pas ces choses, puisqu'elles sont établies publiquement devant eux à la barre des tribunaux. Le procureur de la République, présent à l'audience, qui a été informé de ces fraudes colossales, n'a pu rester indifférent. Il a dû certainement ordonner une enquête, car nous sommes de ceux qui ne doutent pas de l'intégrité de nos magistrats et surtout de leur sévérité à l'égard des tenanciers de jeux prohibés.

Mais au-dessous du Parquet, qui donne des ordres, il y a la police, préposée à leur exécution, et elle s'en charge comme chacun sait.

Pour elle la loi, le procureur de la République et les tribunaux n'existent pas. Elle ne se préoccupe que de ne pas froisser les convenances particulières de certaines Sociétés de courses, qui vivent d'une clientèle habituée à parier avec les bookmakers.

Un groupe de joueurs ne peut pourtant pas tenir la loi en échec. Leur commodité personnelle ne doit pas peser dans les balances de la justice, et c'est une honte que de pareilles considérations puissent empêcher l'autorité de faire son devoir.

C'est à une coalition d'intérêts inavouables, grâce à laquelle toutes les fraudes se donnent librement carrière, que nous assistons à ce spectacle démoralisant de voir nos lois violées et nos fonctionnaires hautement accusés de complicité dans les délits qu'ils sont chargés de réprimer...

Ce n'est pas à l'administration des haras qu'il faut demander si on doit réglementer les bookmakers, car sa compétence est étroitement limitée aux questions d'hippologie.

C'est le bon sens, la raison et la justice qu'il faut consulter.

* *

La politique envahit tout et vous force à s'occuper d'elle, même à propos de courses. A ce titre, les élections générales ne pouvaient nous être indifférentes, et c'est avec plaisir que nous avons appris le succès de M. Montaut et des signataires de sa proposition de réglementation des bookmakers.

Nous connaissons assez les sentiments de l'honorable député pour être sans inquiétude sur le sort de son projet.

La défense des intérêts publics est entre bonnes mains, et à la rentrée des Chambres on peut s'attendre à un débat qui ne mettra pas l'administration en bonne posture.

En attendant, continuons à instruire l'affaire, à compléter le dossier et à bien documenter nos représentants, car il est bien évident qu'il ne faut pas compter sur l'autorité, complice des délinquants, pour faciliter leur tâche.

Nous faisons appel à tous ceux qui s'intéressent à notre campagne pour nous signaler les faits de nature à éclairer la religion des députés. Pour qui veut ouvrir les yeux, rien n'est plus facile, étant donné le sans-gêne des violateurs de la loi, que de les surprendre en flagrant délit.

Ainsi, la semaine dernière, à Vincennes, nous avons constaté un fait qui nous paraîtrait invraisemblable, si nous n'en avions pas été nous-même témoin.

Nous avons vu un bookmaker conduire lui-même devant le commissaire de police un joueur qui se refusait à lui payer un pari, et réclamer le secours de ce magistrat pour être remboursé. C'était de la part du donneur faire l'aveu d'un délit au fonctionnaire chargé de le réprimer et le mettre dans la nécessité de sévir contre lui. Mais, comme nous l'avons répété à satiété, les bookmakers sont au-dessus des lois, et ils en sont arrivés à requérir l'assistance de l'autorité dans l'exercice de leur profession illicite.

Le commissaire de Vincennes, au lieu de faire son devoir, c'est-à-dire de verbaliser contre le bookmaker, a pris acte de sa réclamation comme d'une plainte légitime, et, après avoir exprimé le regret de ne pouvoir lui être utile, l'a renvoyé à se pourvoir devant la juridiction compétente.

La juridiction compétente !

Mais il n'y en a qu'une, la police correctionnelle, que le plaignant avait bien méritée, puisqu'il faisait l'aveu de son délit.

Que pensez-vous de ce commissaire, qui non seulement laisse échapper un délinquant, mais lui conseille de s'adresser aux tribunaux pour se faire rembourser une dette de jeu ?

Voilà un magistrat qui se figure qu'un bookmaker peut avoir une action civile contre un parieur. Si celui-là est jamais chargé des délégations judiciaires, il fera bien de piocher son Code, dont il paraît avoir une connaissance imparfaite.

Le fait que nous venons de rapporter nous rappelle l'aventure bien connue d'un ancien tenancier de cercle qui, lui aussi, avait l'imprudence de s'adresser à la justice pour obtenir le paiement de sommes prêtées au jeu. Ce fut lui qu'on arrêta et qu'on condamna à la prison.

Le cas du bookmaker de Vincennes est identique ; mais, comme le délinquant appartient à une corporation qui jouit de toutes les faveurs de l'autorité, il peut impunément violer la loi.

Il ne faut pas oublier que l'hippodrome de Vincennes est sous la surveillance de M. le député Riotteau, auteur de la loi de 1891, qui nous disait naguère qu'il fallait être impitoyable pour les bookmakers, qu'ils exerçaient une industrie illicite, et que sa loi était destinée à les faire disparaître.

Aujourd'hui, sur son propre champ de courses, comme à Saint-Ouen, il est question de leur construire un abri.

En attendant, ils étalent de vastes parapluies portant leurs noms et leur servant d'enseignes !

Voilà M. Riotteau en singulière compagnie et bien peu qualifié pour émettre un avis autorisé au sujet des bookmakers.

M. Montaut et ses collègues ont de rudes coups de balai à donner pour nettoyer ces écuries d'Augias.

En menant cette campagne, nous avons la conscience d'avoir fait une œuvre utile, qui portera ses fruits.

Maintenant, c'est aux représentants du pays qu'il appartient de peser nos raisons et nos témoignages, et d'en dégager la meilleure solution.

Le lecteur, qui a suivi attentivement notre discussion, ne peut se méprendre sur nos intentions et notre but.

Notre désir n'est pas de faciliter le jeu, d'aider à son développement, ni de lui accorder une action devant les tribunaux.

Nous pensons qu'il faut continuer à proscrire les *paris à la poule* et *à la cote*, les appels et *les provocations à tous venants*, et à s'opposer à la restauration du jeu public.

Mais cette lutte journalière entre le *pari au livre* et la loi, toujours vaincue, doit cesser. Elle démontre que la législation actuelle est mauvaise, puisqu'elle est incapable d'imposer sa contrainte à des usages et à des mœurs plus forts qu'elle.

Une équitable réglementation des bookmakers mettra, seule, fin à un état de choses qui préjudicie à l'intérêt public, ne profite qu'aux privilégiés de la fortune, compromet l'autorité et excite au mépris de la loi.

Paris, août 1898.

L. LAFAYE.

Paris. — Société Française d'Imprimerie et de Librairie (Oudin et Cie).

www.ingramcontent.com/pod-product-compliance
Ingram Content Group UK Ltd.
Pitfield, Milton Keynes, MK11 3LW, UK
UKHW021022120726
13693UKWH00005B/2142